Life is like ice cream:
ENJOY
IT BEFORE IT
MELTS
!

PEACE
BEGINS
with a
Smile

HOME

is where the

recordplayer is

WIE

GUT, DASS

MICH

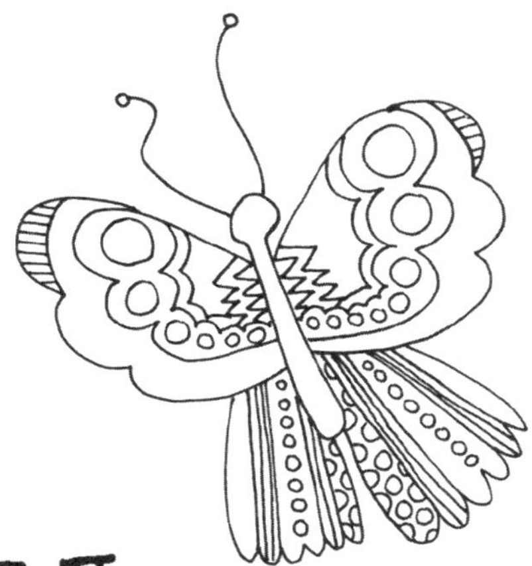

KEINER

DENKEN

HÖREN

KANN

ICH BIN NICHT STUR,

SONDERN MEINUNGSSTABIL!

Ich habe keine

MACKEN

DAS SIND

SPECIAL

EFFECTS

RAIN
is just
CONFETTI
from the sky

You can.
END OF STORY.

Dear weekend,

I LIKE YOU!

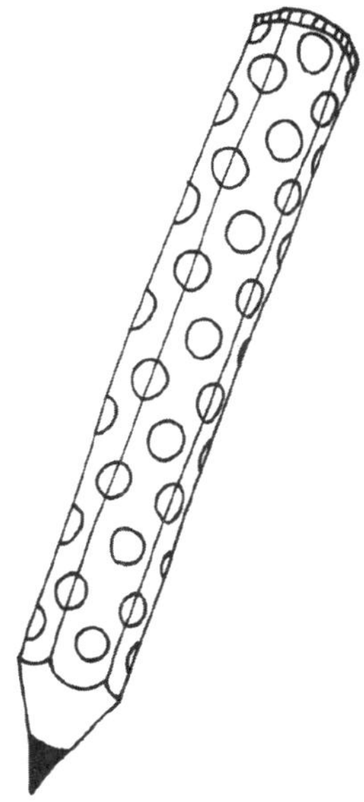

LOVE, ME

Wird Zeit, dass mir wieder alles egal ist

Time
to drink
Champagne
&
blow
Bubbles

WHEN IT RAINS LOOK FOR RAINBOWS. WHEN IT'S DARK LOOK FOR STARS.

IF WE

ARE WHAT WE

EAT...

I am

AWFULLY

sweet

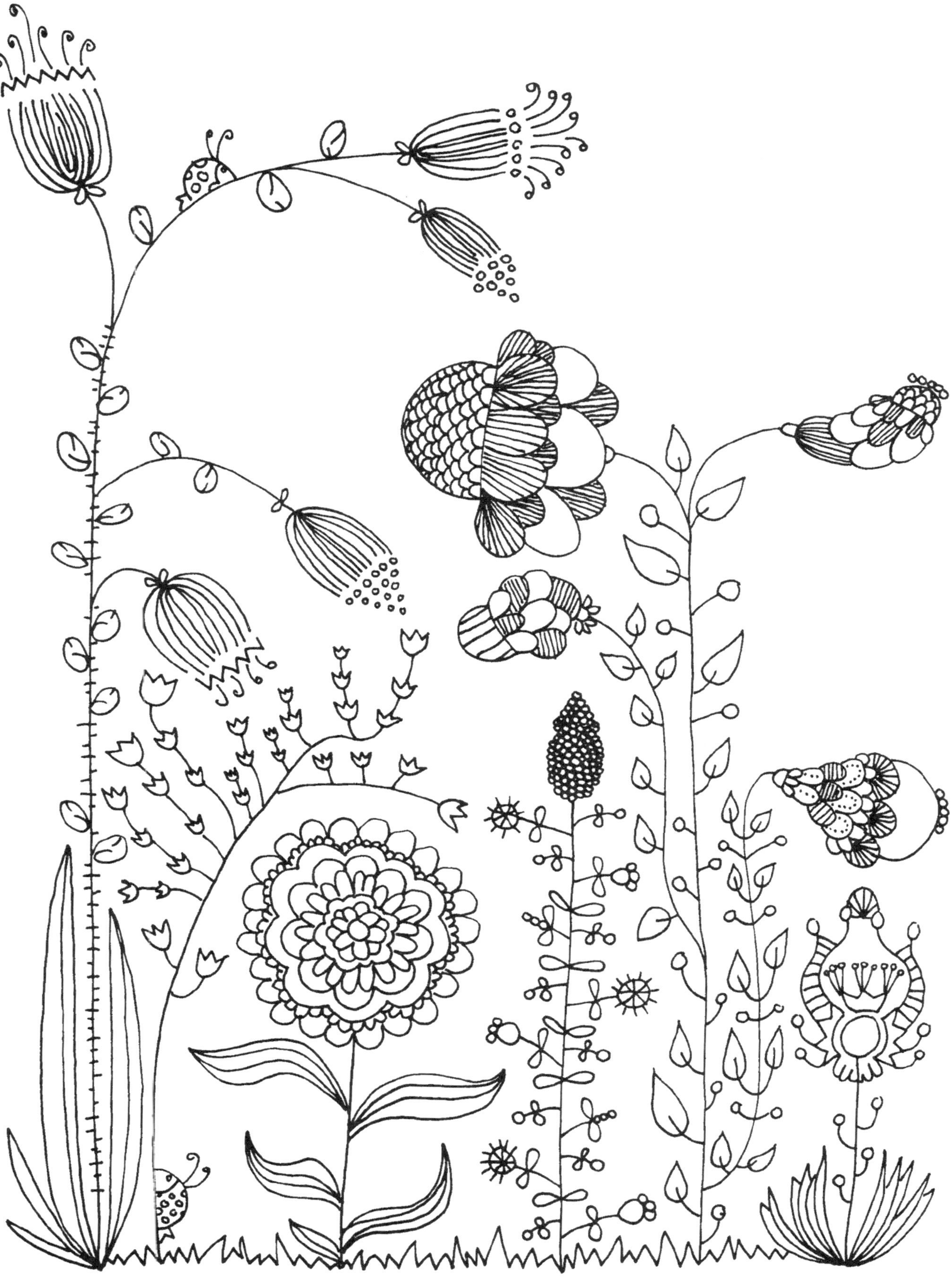

Dream it, WISH IT, DO IT.

Schokolade

ist

Gottes

Entschuldigung

FÜR

BROKKOLI

FAVOURITE SONGS
Rock on

ICH KAM, SAH

VERGASS, WAS ICH VORHATTE

FRÜHER
war alles
BESSER.
GESTERN,
zum
Beispiel,
war
SONNTAG!

ICH BIN EINE ZAUBERIN IN DER KÜCHE, ICH KANN KUCHEN IN KRÜMEL VERWANDELN.

Eines Tages

PUTZ

ICH AUCH MAL

die Fenster...

“nur so aus„ NEUGIER.

Take
me
Away

ZU TEUER?
AUGEN ZU
UND KARTE
DURCH!

All
YOU NEED
is tea
&
WARM
socks

...ich bin nicht
wie die anderen -
ICH
BIN
schlimmer!